집으로 오는 길

집으로 오는 길

저   자 이규희

1판 1쇄 발행 2020년 9월 24일

저작권자 이규희

발 행 처 하움출판사
발 행 인 문현광
교   정 신선미
편   집 이정노
주   소 전라북도 군산시 축동안3길 20, 2층 하움출판사
ISBN 979-11-6440-686-9

홈페이지 http://haum.kr/
이 메 일 haum1000@naver.com

좋은 책을 만들겠습니다.
하움출판사는 독자 여러분의 의견에 항상 귀 기울이고 있습니다.

이 도서의 국립중앙도서관 출판예정도서목록(CIP)은 서지정보유통지원시스템 홈페이지(http://seoji.nl.go.kr)와 국가자료종합목록 구축시스템(http://kolis-net.nl.go.kr)에서 이용하실 수 있습니다. (CIP제어번호 : CIP2020038078)

· 값은 표지에 있습니다.
· 파본은 구입처에서 교환해 드립니다.
· 이 책은 저작권법에 따라 보호받는 저작물이므로 무단전재와 무단복제를 금지하며,
  이 책 내용의 전부 또는 일부를 이용하려면 반드시 저작권자와 하움출판사의 서면동의를 받아야 합니다.

삐비꽃 뽑아 먹으며 들판을 내달리고
감꽃을 주워 목걸이 만들던
천진한 내 어릴 적 이야기이다
어려운 시절 함께하여
힘이 된 우리 가족과 이웃의 이야기이다
바랭이 풀처럼 질기게 살다 간
강인하고 따뜻한 할머니 이야기이다

목 차

안내	8
할머니의 세상	10
아직도 산밭에는	12
집으로 오는 길	13
집으로 오는 길 2	14
마당	15
미루나무	16
논 갈기	17
고구마 통가리	18
담뱃잎 엮기	19
누에치기	20
상수리나무	21
콩밭 매기	22
저녁	23
술 담그기	24
장날	25
보리 베는 한낮	26
찐빵	27
오서산 나물	28
재홍이네 자두나무	30

노란 일기장	31
할아버지 제삿날	32
조청	33
모심기	34
돼지 새끼 낳은 날	36
말표 운동화	37
곱돌산	38
방앗간	39
달영이네 집	40
여름 냇가	41
벼 벤 논에서	42
홍수	43
늦가을	44
월남에서 돌아온 정숙이 삼촌	45
밴댕이구이	46
메밀꽃	47
부엉이가 우는 밤	48
동네 우물	49
강낭콩 개떡	50
눈 온 아침	51
송옥이네 참외밭	52
인호네 집 마당	53
김치 칼국수	54

소쩍새	56
봉숭화	57
대보름 밤	58
화신 저수지	59
고드름	60
감꽃	61
나무하기	62
삐비꽃 필 무렵	64
엉검 고개	65
뒷산	66
도시락 반찬	68
고구마 서리	69
담뱃잎 따기	70
논풀꽃	71
사랑방	72
청주이씨 사당	73
오이꽃버섯	74
선생님 가정방문	75
술래잡기	76
옥피리 보는 날	77
무시루떡	78
삼양라면	79
가을 운동회	80

그리운 할머니	82
아버지 마중	83
태풍	84
할머니 환갑잔치	85
겨울 부엌	86
꽃동산	87
겉절이	88
콩 타작	89
고욤나무	90
원추리	91
비료 포대 썰매	92
탱자나무 울타리	93
밖에 있는 화장실	94
논 썰매장	95
징검다리	96
호띠기	97
콩나물	98
시에 댓글을 달다	99

안내

이 산자락으로 오시지요
갈잎 마른 목 좋은 곳
당신 누울 한 자리 마련했어요
나뭇가지 사이 하늘 보이고
산비둘기 구구구 울음 우는 저녁
당신 시름 접어두셔요

이 들판으로 나오시지요
꽃과 풀들이 속살대는
가릴 것 없는 햇살 밭
흙 내음이 당신 체온
가만히 품어줄 아침
당신 마음 내려놓으세요

이 물길을 따라 오시지요
하 맑아 손대기 아까운
모래알 얼굴이 비치는
송사리 떼가 발을 간지럽히는
찰박찰박 흔들리는 물속에
당신 어려움 씻으셔요

이 언덕길 따라오시지요
고운 흙길 솔숲 오솔길
새들이 포르르 날고
여뀌꽃 아래 풀벌레 우쭐대고
콩밭 풋콩들이 두런거리는
사람의 마을에서 쉬어 가세요

할머니의 세상

햇살이 노랗다
구름도 살살 흘러간다
흙도 알맞게 뎁혀져 따뜻하다
녹음이 우거진 나무는
서로의 간격을 두고 가지를 뻗는다
자주 감자꽃도 피고 마늘꽁도 솟았다
들깨 씨는 싹을 틔워 고개를 내밀고
강낭콩은 꼬투리가 생겼다
물을 가득 채운 모낼 논에
개구리는 목청껏 울어대며
여름 사이렌을 울린다
아카시아가 향을 뿜어내고
새들은 둥우리를 오가며 분주하다
이토록 맑은 날, 이토록 환한 날
부모님 일찍 여의고 홀로된 할머니
열아홉에 시집와 농사일에 쉼 없고
아들 하나 애지중지하며
고생만 하시다 돌아가셨다
새 이불 아깝다며 덮지 않으시고
바쁜데 나 돌보지 말고 일하라며
물도 입에 대지 않으시던 할머니

링거도 소용없다며 주삿바늘 뽑으시고
죽음 앞에서 의연했던
새털처럼 가벼우셨던 할머니
맑고 환한 얼굴로 잠자듯 가셨다
앞산 뻐꾸기 우는 고추밭에서
할머니가 이야기를 한다
이 풀은 바랭이란다
참으로 질긴 풀이여

아직도 산밭에는

오늘은 이 산밭을 다 매야 혀
할머니는 먼저 밭고랑에 들어가신다
명아주, 비름, 쇠뜨기, 방동사니
땅바닥에 납작 붙어있다
한 고랑씩 차지하고 호미질을 한다
엄마는 우리 고랑으로 마중 나온다
살살 들어온 바람은
이마, 등 뒤로 불어와 선선하다

작은 밭을 다 매고 할머니는
비탈 뚝생이 애호박
앞섶에 담아 집으로 가신다
불씨를 급히 당겨 철판에
너부죽한 부침개를 부쳐오면
밭고랑에 호미를 내던지고
뜨거운 볕에서 참 맛나게 먹었다

하나둘씩 집을 떠난 비탈 산밭
할머니도 아버지도 없이
이제 엄마만 남았다
산바람 아직 살살 불어오지만
애호박부침개도 없이
산그늘이 다 덮도록 밭을 맨다
빈집에 어둠이 와 있는데도
이 산밭 다 매고 돌아가려 한다

집으로 오는 길

오는 동안 급브레이크는 없었다
차창 밖 구불구불한 흙길
고무줄놀이로 다진 길이 반닥반닥하다
띠장풀 속 동전이 반짝거리고
그 길을 따라 연옥이와 금례가 온다
가난한 유년의 동네 한복판에는
신나게 놀던 코흘리개 꼬마들이
고드름 따 먹으며 깔깔대고 웃는다

버스에서 혼자 내렸다
정류장 가로등도 차갑다
마중 길 끊긴 홀로 된 별밤이다
나뭇가지에 걸린 비닐봉지
바람에 바스락거리고
길가에 마른 풀잎만 반긴다
빈집은 그림자처럼 서 있고
숙경이네 방 한 칸 불이 켜졌다

집으로 오는 길 2

잊으려고 집을 떠났다
버리려고 집을 떠났다
돌아오지 않으려 집을 떠났다

걷는 동안 울분이 멈춰지고
걷는 동안 괴로움이 잊혀지고
걷는 동안 욕심도 없어졌다

길 위에서 쉬고
길 위에서 생각하고
길 위에서 깨달았다

모든 걸 잊으려고 떠난 길에서
모든 걸 버리려고 떠난 길에서
나를 채워 집으로 돌아온다

마당

채송화, 봉숭아, 과꽃
마당 가장자리에
닭 볏 빨간 맨드라미
고추도 익고 잠자리도 날고

추수하러 나간 빈집
지나는 사람 눈길 훔치고
마당 가에 들어서면
주인인 듯 반긴다

어둑어둑 저물녘
해가 지지 않는다
맨드라미가 환하다
오래도록 정겹다

미루나무

잘그락잘그락
새순이 잎새를
뒤집으며 반짝이며
소리를 낸다

구불구불 논길 사이
막걸리와 설탕물이 줄렁줄렁
가난한 유년의 맨발이
미루나무 아래 걸어간다

햇살은 미치도록 밝고
모내기를 마친 여린 들녘
참으로 잔잔하다
하얀 구름도 논길 따라 흐른다

논 갈기

둑새풀, 자운영, 올방개
쟁기는 속살 깊이 파서
뿌리째 들어 올린다

검붉은 흙은
솟구치고 요동치며
논물을 받는다

아버지 종아리는
힘줄이 툭툭 불거지고
이랴이랴 소를 몰면

쟁기는 날을 번뜩이며
논풀 마구 틀어넣어
새 흙으로 갈아엎는다

개구리가 목청껏 우는
쟁쟁한 오월
온 대지가 꿈틀거린다

고구마 통가리

방 한가운데
우물만 한 고구마 통가리

우리들의 겨울 식량
천장까지 닿아있다

무쇠솥에 푹 익은 고구마는
김부터 쏘아 올린다

고구마에 김치 쭉 찢어 올리면
울안의 소가 밥 달라고 움머거린다

겨울 한낮 볕이 마루를 파고들고
우리들의 고구마 통가리에도 끼어든다

담뱃잎 엮기

너 고등학교 졸업하면
담배 농사 그만 둘 겨
은하수가 내려다보는 마당
30촉짜리 전구 아래 온 가족이
찐득한 진액이 묻은
담뱃잎을 새끼에 꼬아 엮는다
땀도 식어 서늘한 여름밤
쑥 더미 모깃불도 꺼지고
은하수 무리가 별빛을 뿌린다
고등학교에 갈 동생은 여럿인데
우리는 새끼줄에 빨래처럼
척척 걸어 줄을 세운다

누에치기

우리들 방에 누에가
뽕잎 위로 허연 실을 뿜어대며
고개를 절레절레 흔든다
나 좀 옮겨달라고
당장 고치를 지어야겠다고
문을 열면 와사삭 소나기 소리
애벌레들의 시위
등골이 오싹하다
투명하게 늙은 누에를
잡을라치면 움찔 소스라친다
할머니는 사랑스러운 눈빛으로
돈벌레라며 손으로 쓸어 담아
누에섶에 올린다
실룩실룩 버둥대던 누에는
벌써 하얗게 고치 집을 지었다
내일은 학기말 시험인데
밤은 깊어 열두 시가 넘었다

상수리나무

아름드리 상수리나무
투두둑투두둑
아침마다 선잠을 깨웠다

껍질을 벗기고 들들 갈아
앙금을 가라앉혀
뭉근한 불로 서로 엉겨 붙으면
묵갈색 상수리묵이 되었다

간장, 깨, 파 송송
휘휘 저어 뜨면
뒷산 상수리나무
울안까지 가지를 뻗는다

콩밭 매기

이슬 밟고 덜 깬 잠을 털며
콩밭으로 간다

넓적한 콩잎이 이랑을 다 덮었다
아직은 고요하다

콩밭 속은 잠든 풀벌레까지
북북 잠꼬대한다

콩밭 속으로 들어가자 차갑다며
콩잎들이 아우성이다

콩밭 속 잡초를 뽑아 던지면
고랑마다 훤하다

콩잎은 그제야 고개를 들고
어서들 가라며 꼿꼿이 일어선다

저녁

호박 잎사귀에서
소롯소롯 소리가 난다
치맛자락에 담아오던
까끌까끌한 호박잎
마당에 들어선다

콩 잎사귀에서
도란도란 소리가 난다
풋콩 맷돌에 들들 갈려
푸릇한 콩물은 뭉글뭉글
새하얀 두부가 되었다

아궁이에서
타닥타닥 소리가 난다
무쇠솥 김이 오르고
장작불 된장국이 바글바글
어스름 어둠이랑 끓고 있다

술 담그기

사랑방에 놓인 커다란 항아리
솜이불 신줏단지 모시듯 덮여있다
누룩 냄새 술 익는 냄새
방 안 곳곳 숨을 쉰다
보글보글 끓는 소리
방울방울 솟구친다
손가락 찍어 맛보니 들척지근하다
할머니가 대발용수를 푹 담근다
뽀얀 술이 출렁이며 용수로 모여든다
술이 잘 익었나보다
한 국자 떠주며 맛보라 한다
술 냄새만 맡아도 알겠다
이번 술도 잘되었다
우리 사랑방에 푹푹 잘 익던
술 그리고 할머니

장날

새벽밥 먹고 20리 길 걸어
장국수 후루룩 말아 드시고
옷 보따리 머리에 이고
생선 몇 마리와 찐빵을 양손에 들고
마차가 흘린 쇠똥 밟으며
해 지기 전 돌아가려고
서둘러 다시 20리 길을 걸었다
마루에 펼친 장터의 옷들이
제 주인을 찾아 환하게 웃고
찐빵 팥 냄새는 장독대까지 넘나든다
저녁상의 생선찌개는 국물조차 없다
더 이상의 행복을 꿈꾸지 않았던
배부른 장날 잠까지 달다

보리 베는 한낮

뜨거운 여름이다
지나며 바라보는
보리밭은 황금물결이다
그림 같은 풍경이다

찌는 듯한 여름이다
보리 베는 한낮
꺼럭 세운 보리가
까칠하게 팔뚝을 찌른다

시원한 여름이다
보리밭 너머 울창한 녹음
산꿩이 꿩꿩 날아가고
한여름 땀방울 다 말랐다

찐빵

삐거덕
열려있는 대문 너머로
보따리 이고 들어오는 찐빵 장수
채반에 담긴 하얀 찐빵
혹여 먹고 싶을까 봐
나뭇가지 쌓여있는 헛간으로
눈길을 돌린다
할머니는 광에 들어가
보리 한 됫박을 퍼 온다
하얀 찐빵은 김도 나지 않는데
뜨근뜨근 김이 오르는 듯 탐스럽다
찐빵 하나를 넷이 쪼개 먹는데
부족하지가 않다

오서산 나물

저녁 먹을 때가 됐는데
엄마가 늦는다
광천 담산리 오서산
영당 동네 사람들과
나물을 뜯으러 간 엄마를
퍼 놓은 밥 열 그릇이
쪼란이 기다린다
땅거미는 벌써 동네 입구까지
마중을 나갔다
머리에 이고 들어오는
엄마의 나물 자루가
대청마루에 쏟아 펼쳐진다
싸리나물, 고사리, 취나물
꽉꽉 눌려 있던 나물들이
긴장을 풀고 일제히 널브러진다
우리는 시큼한 셩을 찾아
나물 속을 뒤진다
나물도 아닌 셩을
엄마는 자루 곳곳에 박아 놨다
나물 더미를 깔고 앉아
시큼한 셩 줄기를 씹어 먹는다

싸리나물과 취나물은
들기름으로 무쳐서
연둣빛 고소한 밥반찬이 되었고
고사리는 채반에서
할아버지 제삿날을 기다린다

재홍이네 자두나무

우리 집 밭둑 위
재홍이네 자두나무
여름 소나기가
한차례 도랑을 넘치게 하고
노르스름하게 익은 자두가
제법 먹음직스럽다
벌레 먹은 자두는
빗방울을 견디지 못해 떨어졌다
비에 씻긴 탱탱한 자두
입맛이 다셔진다
한참 자두나무를 쳐다보니
재홍 엄마가 나왔다
배꼽 보이고 얻은 자두는
시콤달콤 국물이 가득했다
뻘건 황토물이 넘치는
비 오는 여름날
자두나무 아래 종종 서성거렸다

노란 일기장

가방을 열다 깜짝 놀랐다
비닐까지 덮여 있는 노란 일기장
다른 사람 물건 훔친 적이 없는데
가슴이 떨려 공부가 되지 않았다
집에 오자마자
언니에게 울먹이며 말했다
언니는 배시시 웃으며
오늘이 니 생일이잖여
지난밤 몰래 넣어놓은 거야
비싸고 귀한 노란 일기장
아까워 한 장도 쓰지 않았다
처음으로 받은 생일선물이다

할아버지 제삿날

오토바이 뒤에 타고
집으로 가던 길
하얀 안개가 다 덮었다
마음 바쁜 길
언니 등 뒤
안개 천지 속에
오토바이가 뒤집어졌다
안개 속에서 허우적거리는데
언니는 쓰러진 오토바이를 들어 올린다
거침없이 시동도 켠다
어서 타라 한다
겁도 없다
마음 바쁜 길
오토바이는 소리를 삼키고
안개도 우리를 에워싸는 밤
할아버지 제사 지내러 간다

조청

밤새 불이 환하다
하얀 눈도 내린다
무쇠솥 아궁이에
장작을 계속 들이 넣는다
달착지근한 식혜 물이
끈적끈적한 조청이 되기까지는
새벽이 넘어서야 할 듯하다
할머니는 부뚜막에 올라가
큰 나무 주걱으로 젓고 있다
밤새 눈이 내리고
조청도 진액이 되어
주걱을 세우자
천천히 흘러내리는
흑갈색이 되었다
설날 먹을 하얀 가래떡
조청 속에 푹 찍으면
장독대 쌓이던 눈도 그친다

모심기

동네가 다 분주하다
우리 집 모심는 날이다
사람들은 논으로 미끄러져 들어간다
모 줄이 길게 쳐지고
모판이 차례차례 줄지어 있다
모 서너 개 잡아 논물 속에 넣으면
정렬한 모 논이 되었다
꼬불꼬불 논길은 햇살 가득
모들은 뿌리 내려 살랑이고
엄마는 광주리에 못밥을 이고 온다
종콩 넣어 조린 갈치
들깨 뿌린 머위 대 볶음
새우 섞은 마늘종 볶음
빨간 김치 돼지찌개
돌돌 말은 쪽파 무침
찹쌀밥에 숭늉까지
흙 묻은 종아리를 비스듬히 뻗고
논물에 손 한번 헹궈 풀에 쓱쓱 닦고
큰 숟가락으로 따끈한 밥을 퍼먹는다
머위 대 들깨 입안이 고소하고
조린 갈치 비린내도 달다

풀잎 진흙이 마르기도 전
미끄러져 다시 논으로 들어가면
논물은 여린 모를 흔든다
가장자리 남은 모들을 꽂고
뉘엿뉘엿 저물어가는 저녁
차가워진 논물에서 나와
진흙도 털어내고 삽을 씻는다

돼지 새끼 낳은 날

겨울바람이 유난히 차다
돼지우리에는 불도 켜 있다
아버지는 몇 차례나
돼지우리를 들락거리고
한밤중이 되어서야 들어왔다
무려 아홉 마리 돼지 새끼는
발버둥치고 기어오르며
우리 머리맡에서 밤을 보내고 있다
추워서 얼어 죽을까 봐
미꾸리에 헌 옷 깔고 담아 온 돼지 새끼
엄마를 찾는지 잠도 안 자고
미꾸리 위로 기어 올라와
꼬물꼬물하며 꾸룩꾸룩
밤새 찬바람 문풍지로 들어와
선잠을 자고 눈을 뜨니
엄마는 벌써 어미돼지 곡식 죽 끓여 먹이고
새끼를 돼지우리에 넣는다
어미젖 한 자리씩 찾은 새끼는
나란히 누워 젖을 빤다

말표 운동화

검정 고무신만 신다가
처음으로 산 말표 운동화
다락방 깊숙이 소풍날을 기다린다
비 맞은 연둣빛 새순이
보물찾기할 만큼 너울어질 무렵
벌들이 침 쏘며 윙윙거릴 즈음
긴 행렬 지어 십 리 길
개나리 담장을 지나고
진달래 숲길을 따라
만경산으로 봄 소풍 간다
왔다 껌 한 통 사고 김밥 싸서
말표 운동화 신고 소풍을 간다
꽉 끼어 뒤꿈치가 따끔거리지만
아픈 것도 대수롭지 않다

곱돌산

동네 마당 한복판엔
아이들이 벌써 가득하다
자치기, 고무줄, 사방치기
오징어 놀이, 공기놀이, 딱지치기
우리는 사방치기 금 그릴 곱돌 찾아
돌산으로 올라간다
사당을 지나
등이 휘어진 소나무길 지나
바위산에 가야 한다
바위 곱돌은 긁으면
하얀 가루가 나온다
부서진 곱돌이 널려있다
반들반들 햇빛에 빛난다
곱돌산 뱀이 무더기로 뭉쳐
곱돌을 지킨다
휘어진 소나무 가지 위에도
뱀이 머리 세우고 있다
우리는 뱀 눈치 보며 조심조심
곱돌 몇 개 쥐고 내려온다

방앗간

우리 집 벼를 찧어 달라고
심부름을 가야 한다
그 집에 황소만 한 개가 있다
무서워서 들어가질 못하고
인기척이 날까
대문 앞을 서성인다
언니는 나보고 가라 한다
서로 가기 싫어 미루던
방앗간 심부름
우리 집 방아 쪄야 한대유
그 말을 못 하고
대문 앞에 하염없이
인기척을 기다려야 했던
방앗간 집
우리 동네 100마지기
부잣집 방앗간

달영이네 집

언덕 아래
계곡물이 흐르던 달영이네 집
이사를 자주 가서
비어 있던 도깨비 집
할머니랑 밭을 매면
도깨비 이야기 들려 주신다
점심 먹을 즈음
빈집에 밥하는 소리
아이들이 떠드는 소리
무생채 써는 소리
엉겁결에 들어가면
소리가 딱 멈춘단다
도깨비 집인 줄도 까먹고
이 집은 뭘 그렇게 맛있게 한댜
말하다가 혼비백산 돌아왔단다
춘옥이네가 이사 온 뒤로
아무 소리도 안 난다
억척이 춘옥 엄마 무서워
도깨비가 도망갔다며
우스갯소리를 한다

여름 냇가

수양버들도 한가하다
모래알이 비치는 시냇물
송사리 모래무지 모시조개
학교 끝나고 돌아오는 길
가위바위보 하여
진 사람은 책보를 메고
이긴 사람은 냇가 따라 헤엄친다
지치면 교대하고 또 지치면 교대한다
버드나무 위에서 다이빙도 하고
심심하면 검정 고무신에
모래무지도 떠서 건져놓고
모래성도 쌓았다 흘려보내고
풀섶에 놓은 옷이 마를 때까지
눈부신 햇살에 몸을 말렸다
싱그러운 여름 냇가
집으로 돌아오는 길
냇물을 따라 헤엄을 친다

벼 벤 논에서

갈잎이 서걱서걱 스스삭거린다
벼 포기는 제 할 일 다한 듯 누워있고
새들은 서둘러 둥지로 돌아간다
싸늘한 늦가을 온몸에 스민다
마른 논의 틈새처럼 벌어진
손부리는 아릿아릿하고
농사일로 잔뼈 굵은 아버지는
그제야 허리 한 번 길게 편다
벼 벤 논 위 붉은 노을
아름다운 농부의 저녁이다

홍수

논둑 위까지 황토물이 다 쓸었다
냇물 다리는 보이지도 않는다
황토물이 폭포처럼 쏟아진다
물꼬를 보려고 동네 사람들은
논으로 나서지만 냇둑만 보고 있다
오늘은 학교도 오지 말라고 한다
도랑에 풀들을 휩쓸려 어질러져 있고
큰 나무들도 가지가 쭉쭉 찢겨있다
새파란 이파리들도 후두둑 떨어진다
홍수가 났는데 아무도 바쁘지 않다
물꼬 싸움하던 아저씨들도 조용하다
집이 안 떠내려가 안심이 된다

늦가을

뿌리째 솎은 열무로
맑은 된장국을 끓인다

나뭇가지 잎사귀 몇 잎
감나무에 까치 먹일 홍시 남았다

노란 감국 옹기종기 모여 있고
억새 수풀 무당벌레로 가득하다

추수 끝난 빈 들녘
여기저기 불 놓아 연기 자욱하다

늦가을은 차가운 비 뿌려
우리를 집에 들여보낸다

월남에서 돌아온 정숙이 삼촌

그림자가 어룽이는 문밖에
정숙이 삼촌이 와 있다
군용 배낭 속에
무언가를 잔뜩 쏟아놓고
할머니에게 인사를 한다
월남 참전 가서
배낭에 메고 온 미군 빠다
주황색 연고 같은 크림이 들어있다
밥에 비벼 먹는 거라고 하지만
느끼해 먹을 수가 없다
부엌에도 가지 못하고
다락 속에 덩그러니 놓여있던 빠다
총알이 쏟아지는
전쟁터에서 온 걸 뒤늦게 알았다

밴댕이구이

광천 독배 장날
바닷물 뚝뚝 떨어지는
밴댕이 상자를 이고 와
뜨거운 여름 햇빛으로
물결무늬 은비늘 그대로
사정없이 바짝 말렸다
장작불에 구운 밴댕이가
기름이 좔좔 흐른다
엄마는 아침 먹으라 재촉한다
뜸도 들이지 못한 무쇠솥에서
설경한 밥 한 사발 푸고
부뚜막에 앉아
구워진 밴댕이 서둘러 삼킨다
하루 두 번 오는 버스 못 탈까 봐
먹다 말고 간 밴댕이
노릇노릇 구워져 눈 흘긴다

메밀꽃

바람도 없는데
물결처럼 일렁이고
햇볕도 없는데 밝아져 온다

언덕 너머 와락 안기던
하얗게 흔들리던 메밀꽃
허공에 길 열어 꽃잎 날린다

집을 떠나고 싶었던 나를
붙잡고 에워싸던
마른 땅 적시는 산밭의 노래이다

부엉이가 우는 밤

문풍지 너머로 찬 바람이 불고
뒷산 나뭇가지 눈 무거워 터르륵 쏟아낸다
우리는 옹기종기 모여 화롯불을 쬐고
엄마는 광목 실로 구멍 난 양말을 기운다
마실 온 창동 엄마가
담배를 말아 피며 우스갯소리 하면
우리 식구들은 깔깔대고 웃는다
화로에 묻어둔 고구마를 꺼내 먹고
장독대 살얼음 동치미 국물 마시면
밤은 깊어 칡덩굴에서 부엉이가 운다

동네 우물

논 한가운데 동네 우물
작은 논둑길 따라
아침이면 쌀 씻고
한낮에 빨래한다

저녁에는 채소 씻고
다음 날 쓸 물을 긷는다
깊은 밤엔 목욕을 하고
동네 잔칫날은 돼지도 잡는다

논 한가운데 동네 우물
긴 두레박 걸어 놓고
심심하면 동굴 같은
우물 속 들여다본다

빨래터 온갖 소문은
깊은 고요 속에 잠겼다
여름밤 우물가는
반딧불이 돌며 빛을 쏟아낸다

강낭콩 개떡

소나기가 비를 퍼붓는다
일하다 말고 후다닥
모두 집 마당 안으로 들어선다
할머니는 그새 강낭콩을 가지째 꺾고
엄마는 연한 호박잎을 줄기째 끊어왔다
흙먼지 냄새가 마루를 휘감고
마당엔 물이 흥건하다
부엌에서 엄마는 호박잎을 깔고
밀가루를 개어 쟁반에 늘이고
그 위에 강낭콩 빈틈없이 덮어 개떡을 찐다
아궁이에서 나오는 연기는 빗속을 돌고
개떡은 반듯반듯 사각형으로 잘라졌다
마루에 앉아 굵은 소나기 바라보며
호박잎 붙은 강낭콩 개떡을 먹는다
라디오에선 정오의 노래가 흘러나온다

눈 온 아침

해도 뜨지 않았는데
문밖이 환하다
하얀 눈이 마당을 다 덮었다

눈 다칠까 봐 한발 한발
발자국 찍으며
마당을 돌아 신작로로 나선다

신작로를 따라
아무도 가지 않은 길을 따라
내 발자국을 남긴다

앞산 소나무
쌓인 눈 무거울 텐데
털지 않고 가만히 감싸 안았나

마을 길 돌아 언덕을 오르니
커다란 짐승 발자국
호랑이가 지나갔을까

나 혼자 깨어있는
눈 온 아침
눈길 따라 마냥 걷는다

송옥이네 참외밭

송옥이네 참외밭은 원두막도 있다
노란 참외가 뒹굴뎅굴 가득 누워 있다
지나갈 때마다 싱그러운 참외 냄새가 난다
우리 밭에도 참외가 한 고랑 있긴 한데
열리면 좋고 안 열려도 좋은 듯한
구석진 곳에 짚도 깔아주지 않았다
우리 밭 참외는 개똥참외
푸르뎅뎅하고 모양도 울퉁불퉁
송옥이네 참외밭 부러워 한참을 흘깃흘깃
원두막에 있던 송옥이 아버지
참외 한 바구니 따 가지고 오셨다
우물물 펌프질하여 씻긴 송옥이네 참외를
껍질도 안 벗겨 한 개씩 차지하고
큰 입으로 베어 먹었다
참외가 달고 싱그러웠다
우물가 개똥참외는 배 쭉쭉 갈라
씨앗 긁고 장아찌를 담았다

인호네 집 마당

인호네 마당은 동네 마당이다
우리들의 운동장이다
동네 아이들 누구라도 만난다
공기놀이, 딱지치기, 구슬치기, 자치기
손이 얼어 튕겨지지도 않는 손가락으로 핀치기도 하고
오징어 놀이하느라 서로 밀쳐 넘어지고 싸움도 한다
해가 지도록 놀다 보면 이집 저집 밥 먹으라 성화다
어둑어둑 땅거미가 깔려야 하나둘씩 집으로 돌아간다
보름달도 아이들 보려고 빛 뿌리며 서성이는 마당
잡초 하나 없는 맨들맨들한 흙 마당이다

김치 칼국수

호미 들고 밭으로 일 나가면서
점심엔 칼국수 끓여 먹자고 한다
벗어 놓은 옷가지 모아 빨래도 하고
싸리비로 마당 깨끗하게 쓸어 놓고
칼국수 만들 밀가루 반죽을 한다
반죽 덩어리를 주먹만 하게 뭉치고
밀대 방망이로 쟁반만 하게 민다
그 위에 밀가루를 살살 뿌리고
둘둘 멍석처럼 말아둔다
그리고 칼로 척척 썰어
신문지를 위에 솔솔 펴 놓는다
커다란 솥에 물을 반쯤 붓고
묵은지를 썰어 넣고
굵은 멸치를 한 움큼 쏟아 국물을 끓인다
일 마치고 돌아온 식구들은 벌써 입맛을 다신다
신문지에 늘어놓은 칼국수랑
마늘 두어 숟갈을 넣으면
구수한 냄새가 퍼지고
국물은 뚜껑을 밀어 다다달 소리를 낸다
칼국수가 퍼질세라 한 대접씩 퍼 담으면
후루룩후루룩 국물까지 달게 마신다

대문에 들어선 창동 엄마는
나도 한 그릇 퍼 달라고 한다

소쩍새

연둣빛 새순이
산에 들에 돋고
모내기할 논에
물을 가득 채운다
빈 밭에 거름 펴 땅을 갈아엎고
농사를 시작하는 이른 봄
분주하게 움직이는 밭 너머
소쩍새가 운다
안개가 자욱이 깔린 숲속
굴뚝에서 저녁연기 피어오르고
솥적다 솥적다
부엌 뒷산에서도 소쩍새가 운다

봉숭화

주황 봉숭화 분홍 봉숭화 자주 봉숭화
마당가에 곱게 피었다
꽃잎이랑 잎사귀 섞고 백반 넣어 지찧어
비닐 갈라 칭칭 손톱에 감고
하룻밤 자고 일어나니
주황색 봉숭화 손톱이 되었다
감자 찌고 보리밥에 열무 넣어 비벼
마루에 앉아 점심을 먹으면
예쁜 손톱 뭐 묻을까 봐 손가락 힘을 준다

주황 봉숭화 분홍 봉숭화 자주 봉숭화
장독대에 곱게 피었다
친척 동생 언니 모여서 백반 넣어 지찧어
비닐 갈라 칭칭 손톱에 감고
함께 자고 일어나니
주황색 봉숭화 손톱이 되었다
친척들과 꽃잎이랑 사금파리
모래랑 풀잎이랑 놀다 보니
봉숭화 물든 손톱 흙 손톱 되었다

대보름 밤

오곡밥에 나물이랑 부럼 깨 먹고
귀밝이술도 한 모금 마신 대보름
보름달 훤하다
집집마다 불도 환하다
부모님은 동네 윷놀이 가서
밤이 늦도록 윷 개 걸 모를 외치고
우리는 벼 벤 들판에서 쥐불놀이한다
바람구멍 뿡뿡 뚫어 깡통에 솔방울 넣고
불씨 당겨 휙휙 돌리면
도깨비불이 사방팔방 날아가는 듯
까맣던 밤이 불야성이다
밤은 소리 없이 깊어
윷놀이 갔던 엄마는 큰 냄비 상품 받아오고
마루에 들어선 우리들 옷은 불 냄새가 난다

화신 저수지

저수지가 가뭄으로 바짝 말랐다
가물치, 메기, 말조개, 붕어
동네 사람들이 저수지에서 물고기 건져 온다
민물고기는 흙냄새 나서 말조개만 주워 왔다
숟가락보다 큰 까만 말조개
맛있을 거 같았는데 질긴 고무 맛
국물도 찝질한 맛이다
바닥 보인 저수지에서 주워온 물고기로
동네 사람들 밥상이 모처럼 푸짐하다

고드름

아침햇살이 처마에 들었다
밤사이 언 긴 고드름

뚝뚝 떼어서
아드득바드득 씹어 먹는다

칼싸움도 하고
그냥 깨치기도 한다

초가지붕 고드름 한낮까지
처마에서 녹아내린다

허기진 점심 고구마 쪄서 먹노라면
햇살도 마루로 옮기어 앉는다

쌓아 놓은 짚가리에서도
눈덩이 녹아 주르륵 쏟아진다

감꽃

아침 일찍 일어나
향숙이네 집 뒤꼍으로 감꽃 주우러 간다
가는 길에 개밀 풀 줄기 서너 개 뽑아 쥐었다
감꽃 아래에 벌써 벌들이 날아와
꽃 주변 뱅뱅 돌며 꿀을 찾고 있다
이슬 머금은 노르스름한 감꽃 주워
개밀 풀 줄기에 구슬 꿰듯 조심조심 밀어 넣는다
감꽃 목걸이 하나 만들어 목에 걸고
또 하나는 팔뚝에 길게 걸친다
풀섶은 싱그러운 향을 뿜어내고
새들은 째재잭잭 나무 사이를 오간다
모든 것이 행복해 보인다

나무하기

차가운 햇살 집 안 비춰
가난한 살림살이 낱낱이 들춘다
헛간의 들깨단도 다 불 때고 땔감이 없다
추운 겨울을 지내려면
장작을 쪼개 높이 쌓아놓고
삭정이도 잘라 단단히 새끼줄로 묶어
헛간에 가득 채워놓아야 하지만
벼를 방아 찧고 받은 왕겨뿐이다
아궁이에 왕겨를 가득 넣고
풍구로 바람을 넣어 불씨를 당긴다
왕겨 속에 들어간 바람과 불씨는
쌕쌕 숨을 쉬며 불을 일으킨다
쉴 새 없이 풍구 손잡이를 돌린다
빨간 불더미가 소여물을 끓이고
남은 열기는 구들장을 뎁힌다
왕겨도 얼마 남지 않았다
점심엔 산으로 나무하러 가야 한다
낡은 한복 치마를 조각조각 이은 보자기와
삭정이 묶을 끈이랑 갈퀴 들고 산으로 간다
양지 좋은 곳은 눈이 녹아 가랑잎과 솔잎 긁을 만하다
갈퀴로 살살 긁어 가랑잎과 솔잎을 군데군데 모으고

마른 삭정이랑 솔방울도 주워 나무 보자기에 묶는다
땔감을 이고 조심조심 내려와 헛간에 부리면
햇살도 나무 헛간으로 따라와 잠시 눕는다

삐비꽃 필 무렵

밭둑에 피어난 삐비꽃
하얗게 솜털 난 삐비꽃
아직 피지 않아 여리고
비단처럼 보들보들하다
질겅질겅 껌처럼 씹어
달착지근한 물을 빨아
배고픔을 잊는다
밭둑, 묘지, 야산 공터
지천에 널린 삐비를 뽑으며
이곳저곳 들판을 뛰어다닌다
온몸을 휘감는 부드러운 봄바람
눈 부신 햇살과 한 무리 되어
은빛 물결로 일렁이고
작은 새들도 덩달아
떼 지어 유쾌하게 재잘대는
찬란하면서도 헐벗은 봄날
삐비꽃이 필 무렵
우리는 한 벌뿐인 추리닝을 입고
사방팔방 들판을 내달렸다

엉검 고개

밤이 되면 그곳은 무서웠었다
구살 모퉁이 심부름 길
엉검 고개 너머 친구 찾아가는 길
암소 고개 시장 갔다 돌아오는 길
마구형 고개 보름달 빵 사서 집으로 오는 길
그곳은 호랑이가 다니는 길이라고 하고
도둑들이 소 판 돈을 뺏으려 사람을 죽였다고도 하고
도깨비불이 날아다니는 곳이라고도 하고
그렇고 그런 소문이 난 곳이었다
그곳은 초저녁조차 무서웠었다
구살 모퉁이 나뭇잎의 바스락거림도
엉검 고개 옆 산에서 흐르는 물소리도
암소 고개 길게 드리운 산 그림자도
마구형 고개 인적 없는 고요함도
30년이 지난 지금 고개는 남았지만
구살 모퉁이 앞에는 축사가
엉검 고개 아래에는 마을회관이
암소 고개 옆에는 사료 공장이
마구형 고개 너머로는 아파트가
그리고 환한 가로등이 비추고 있다
나는 보름달 빵 사서 넘어가던 고갯길 옆
공동묘지 자리였던 아파트에 살고 있다

뒷산

혼자 있고 싶으면 뒷산에 올랐다
봄에는 참나무 새순들이 춤을 추고
무덤가에 고사리 고개를 쏙쏙 내민다
땅에서 솟구친 여린 찔레 순이 길을 막고
노란 양지꽃은 발밑에서 웃고 있다
산벚과 진달래는 뒷산을 통째로 차지하고 있다
여름에는 우거진 수풀, 멍가 덩굴을 헤집으며
뱀이 나올까 두리번거리면 사슴벌레가 쳐다본다
다람쥐는 빠르게 나무 위로 오르락내리락하고
새들은 새끼 새, 어미 새 할 거 없이
녹음 짙은 나무 속을 오가며 소리 지르고 야단법석이다
숲 그늘 한 자락 차지하고 누워
나무 사이 보이는 파란 하늘 쳐다보면
흙냄새가 온몸으로 스며든다
가을은 단풍잎 곱게 물들어 색의 향연을 펼치고
상수리 익어 투두둑 흠칫 놀라게 한다
바위에 걸터앉아 바람에 머리를 쓸어 넘기면
외로움도 충만해진다
겨울은 눈이 제법 쌓였다
숲은 차갑고 고요해졌다
이제야 오롯이 혼자 있는 숲속 같지만

겨울 햇살은 나무 위에 쌓인 눈 쏟아내고
기척도 없던 꿩 한 마리가 깃털을 뿌리며
온 산을 흔들고 산 너머로 날아간다
혼자 있고 싶어 뒷산에 올랐지만
숲은 항상 가득 차 있었고
나를 가만히 놓아두지 않았다

도시락 반찬

오늘 우리들 도시락 반찬은 모두 장아찌다
마루에는 노란 양은 도시락이 층층이 쌓여있다
도시락 고를 것도 없이
큰언니부터 학교 가는 순서대로
하나씩 가방에 넣는다
김치볶음, 콩자반, 장아찌, 멸치볶음
일 년 내내 돌아가며 같은 반찬이다
집에서 키우는 닭 몇 마리가 낳은 달걀은
꾸러미에 넣어 내다 팔고
소풍날 김밥 속, 설날 떡국에 얹은 고명뿐
도시락 반찬으론 어림없다
김치 넣은 날이면
비포장도로의 널뛰는 버스에서
도시락도 펄쩍펄쩍 솟구쳐
김칫국물 흘러 가방 속이 축축하고
교과서 가장자리 붉게 물들어 오그라져 있다

고구마 서리

점심으로 먹은 도시락으로
집으로 걸어가는 길 허기를 달랠 수 없다
길가 고구마밭은 벌써 덩굴이 다 덮었다
제법 고구마가 커져서 캐 먹을 만하다
친구들과 망도 보지 않고
덥석 고구마 고랑으로 들어선다
흙을 파니 커진 고구마가 줄줄이 따라 나온다
고구마를 옷자락에 쓱쓱 닦고
맛이 들지 않은 비릿한 고구마를 베어 먹는다
두더지가 파놓은 듯 여러 군데 파헤쳐있다
허기를 달랜 우리는 아무 일 없듯 집으로 간다
다음 날 고구마밭에 아저씨가 나와 있다
고개를 숙이고 지나는데 겁이 덜컥 났다
학교로 찾아와 혼낼 거 같았는데 아무 내색이 없다
배고픈 우리를 모르는 척하는 거 같았다

담뱃잎 따기

밭일 나가고 아무도 없다
토방에 햇살 조요로이 사금파리랑 놀고
외양간 소는 껌벅거리며 파리를 쫓고 있다
마루에 놓인 찐 감자 껍질 벗겨 먹고
부엌으로 들어가 무쇠솥 뚜껑을 연다
보리 섞은 누룽지가 고소하다
우물물 펌프질 여러 번 해
차가워진 물에 흑설탕 넣고 휘저어
담배 심은 여술밭으로 향한다
식구들은 담뱃잎을 따고 있다
차가웠던 설탕물은 맹숭해졌다
나도 담배밭 고랑 속으로 들어간다
넓적하게 잎 큰 담뱃대 아래로 기어
따 놓은 잎을 고랑 속에서 안고 나오면
손과 옷은 새까만 진액으로 끈적끈적하다
땀과 햇빛, 진액이 범벅된
담배밭은 한증막이다
지친 동생은 고랑 속에 드러눕고
아버지는 얼른 가지고 나오라며
경운기를 대고 있다

논풀꽃

논 가득 붉게 피어 꽃 무리를 지었다
모내기 전 땅을 갈아엎기까지
우리 함께하자며 손을 잡았다
꽃이 활짝 피면 땅속에 묻혀야 한다
자줏빛 구름 같다 하여 지어진 자운영
논길을 지나는 여러 사람 설레게 한다

논 가득 빼곡하게 피었다
모내기 전 땅을 갈아엎기까지
보란 듯이 커보자며 키를 재고 있다
꽃이 보송하게 피면 땅속에 묻혀야 하는
알록달록 꽃뱀 같은 둑새풀
빈틈없이 채워 초록으로 덮었다

벼 벤 자리만 있던 빈 논에
씨앗도 뿌리지 않았는데
꽃 피워 봄을 채워주고
모내기할 논에 거름으로 내준다
봄이 오는 논길에서
자운영과 둑새풀 기다려본다

사랑방

안방은 국민학교 다니는 동생들과 할머니가 쓰고
건넛방은 어린 동생들과 엄마랑 쓰고
사랑방은 중학생이 되면 언니들과 함께 쓰는 방이다
중학생이 되어 드디어 사랑방에 들어왔다
사랑방은 300원짜리 삼중당 문고판
백치 아다다, 봄봄, 메밀꽃 필 무렵 책도 있다
엄마가 9시쯤 누룽지로 야식을 갖다준다
동네 언니, 오빠들이 샛문으로 놀러 오기도 한다
동생들은 기웃거리다가도 선뜻 못 들어온다
흙벽은 부스러지고 벽지에 쥐 오줌이 그려져 있다
불 끄고 누우면 천장에 쥐들이 달리기 시합을 하고
벽을 타고 내려와 새까만 눈을 굴리기도 한다
겨울에는 제일 추운 방이지만
목화솜 이불 하나로도 따뜻하다

청주이씨 사당

대궐같이 화려한 우리 옆집이다
단청 곱게 칠하고
복숭아꽃 필 무렵이면
키다리 아저씨가 살고 있을 것 같은
아름다운 기와집이다
쇠 자물쇠로 굳게 닫힌 사당을
기웃기웃 들여다보면 잡초만 무성하다
기와지붕 틈에 새들이 집을 지어 알을 낳고
뿌리 뻗은 대나무 숲이 점점 늘어나는 사당이
우리 집이었으면 하는 생각도 했다
사당의 너른 마당은 추수한 벼, 고추도 말린다
그리고 비어 있을 땐 우리들의 놀이터다
시제라도 지내는 날이면
맛있는 제사 음식도 먹는다
사당 뜰은 우리 집의 정원이다
봄에는 꽃이 만발해 꽃동산이고
가을이면 단풍나무 붉게 물든다

오이꽃버섯

장마가 지는 늦여름
숲에 쌓인 가랑잎이 축축하다
비가 멎을 무렵 숲속으로 올라가
오이꽃버섯 나던 자리 찾아가면
덜 핀 노란 오이꽃버섯 오글오글
가랑잎 사이에 숨어 있고
활짝 핀 버섯은 다닥다닥
커다란 꽃송이를 이루기도 한다
비가 와서 밭일도 쉬면
멸치국수를 끓여
오이꽃버섯 찢어 고명으로 올린다
담백하고 특별한 맛은 없지만
숲속 향이 퍼진다

선생님 가정방문

선생님이 가정방문 오셨다
집 마당에 들어서기도 전에
담 너머로 숨었다
일없이 수줍어서
반쯤 허물어진 담장이 부끄러워서
공부 못하는 내가 부끄러워서
선생님 목소리 못 들은 체하는데
근방 아이들은 선생님을 졸졸 따라다닌다
받아쓰기 못 하고 책도 더듬더듬
선생님 보기 창피한데
엄마는 미숫가루 한 사발 타서 기다리고
아버지는 허물어진 담쌓다가 손을 씻는다
세상에서 가장 어려운 선생님
세상에서 가장 고마운 선생님
고개 숙여 여러 번 인사한다

술래잡기

달 밝은 보름날
우리의 놀이는 끝나지 않는다
자치기도 하고 오징어 놀이도 하고
마지막으로 술래잡기 놀이도 한다
하나, 둘, 셋 술래 소리가 나자마자
나는 종아네 광으로 들어가
삼태기를 뒤집어쓰고
깜깜한 광 속에서 숨소리를 죽였다
아이들 소리가 들리지 않는다
광문을 열고 나와 보니 불도 꺼졌다
찾다 지쳐 집으로 돌아갔다
보름달은 중천에 떠 있다
달과 함께 걸어가니
그림자 술래가 따라온다

옥피리 보는 날

유일하게 송옥언니네만
텔레비전이 있다
저녁을 먹자마자
너나없이 모여든다
마당엔 모깃불 연기 매캐하다
먼저 온 사람은 안방 차지하고
늦은 사람은 마루에
더 늦은 사람은 마당에 서서
옥피리가 시작되길 기다린다
어둑어둑 옥피리 시작 시간
흑백으로 보는 옥피리
마당 가에 선 우리는
보이지도 잘 들리지도 않는다
뒤에서 어떻게 되었대 물어보며
돌아오는 길에 이야기를 듣는다
제대로 보지도 못했는데
걷는 발걸음은 명랑하다

무시루떡

초겨울 냄새가 난다
추수도 끝나 모두가 평안하다
엄마는 쌀가루에 무를 채 썰어 훌훌 섞고
푹 익힌 팥을 슬슬 뿌려 무시루떡을 찐다
시루에 무 섞은 쌀가루와 팥 올려 켜켜이 쌓고
솥에 안쳐 시루와 솥 사이 틈을 밀가루로 붙인다
큰 김이 날 때까지 푹 익으면
무시루떡을 쩍쩍 갈라 이웃집 돌리고
벼 담긴 뒤주 앞에 내년 농사 잘되길 기원한다
김이 나는 무시루떡 호호 불어 먹으면
구수한 시루떡 냄새 동네 한 바퀴 돈다

삼양라면

라면 두 봉지로
양은 솥 제일 큰 거에
물을 가득 붓고
국수를 넣어 끓였다
라면 한 가닥에 국수 열 가닥
국수 라면이다
스프 냄새 라면이다
처음 먹어보는 삼양라면
국수 속 꼬불꼬불 몇 가닥 섞였다
국수랑 라면은 푹 퍼졌는데
세상에 이런 맛이 있나 싶었다

가을 운동회

학교 운동장으로 동네 사람 다 모였다
할머니는 옥수수랑 고구마 찌고
내가 좋아하는 수수 모가지도 쪄서
아침 일찍 운동장 가에 자리 잡았다
뒷산 뚝 앞까지 사람들이 꽉 찼다
개인 달리기 꼴찌 할까 걱정이다
부채춤 동작 틀릴까 초조하다
호루라기 소리 맞춰 시작한 국민체조
개인 달리기 꼴찌는 면했다
줄 맞추어 단체 경기들이 펼쳐지고
청군 이겨라, 백군 이겨라 응원을 한다
점심 바구니를 오재미로 터뜨리고
할머니를 찾아가 먹는 점심
안 먹어도 배부르다
이어지는 화려한 부채춤
박수 소리 가득 찬다
곤봉체조, 줄다리기, 이어달리기
징 소리 신호로 시작된 줄다리기는
학부형들이 달려들어 서로 끌고 당기고
반 대표로 뽑힌 이어달리기 선수들은
바람을 휙휙 가르며 운동장을 돈다

청군이 이겼다 백군도 참 잘했다
펄럭이는 만국기 뒤로 하고 돌아가는 길
사람들의 흥분이 가라앉지 않는다
손등에 찍힌 달리기 1등 도장
연신 자식 자랑에 웃음꽃이다

그리운 할머니

치맛자락 걷어 올려
호박이며 풋팥이며
푸성귀 찬거리 담아
집으로 들어오신다

장강골 비탈밭에 감자꽃 피고
넘실넘실 보리밭 누런 물결
등성이 산밭에 메밀꽃 하얀데

뽕나무 등걸에
호미랑 수건 걸려있고
풀이 무성한 밭둑에
설탕물 주전자 놓여있다

할머니 보고 싶다 부르면
호박잎이 너울너울
어릿어릿 어둠이
추녀 밑 공벌레가 마중 나온다

아버지 마중

아버지가 늦는다
막차가 오는 버스 시간에
등불 들고 마중 나간다
겨울바람이 쌀쌀하다
어둠 속 아버지는
막걸리를 거나하게 마셨다
마중 나간 언니와 나는
아버지 가는 길에 등불을 비춘다
안방 아랫목에는 담요로 폭 싼
아버지의 하얀 쌀밥이 덮여있다
늦은 저녁상 김도 있고 생선도 있다
외아들인 아버지를 극진하게 사랑하는
할머니의 잔소리를 들으며
아버지가 먹다 남긴 하얀 쌀밥을
우리가 마저 먹으면
엄마는 온기 가신 부엌에서
찬물로 설거지한다

태풍

번개가 문풍지를 가른다
천둥은 하늘을 쪼갤 듯 포효하고
아버지는 메리야스 바람으로
도끼 들고 비닐하우스로 향한다
말린 고추, 참깨, 담뱃잎
농사지은 열매 다 젖어 망가지게 생겼다
우리도 부리나케 일어나 아버지를 따랐다
비닐은 반이 날아가
미친 듯이 펄럭이며 몸부림친다
끝자락 겨우 잡아당겨
아버지는 끈을 매 기둥을 박는다
도끼를 들어 올릴 때마다
날이 번뜩이고 천둥은 굉음을 낸다
비는 폭포처럼 쏟아지고
바람은 모든 걸 날려 버릴 기세다
태풍이 몰아치는 밤 우리 식구는
비닐하우스에 온몸을 매달렸다

할머니 환갑잔치

마루에 잔치 음식들이
그릇그릇 무지개색 층층 쌓였다
할머니 환갑잔치다
큰고모, 작은고모
친척들도 부르고
동네 사람들 모두 불렀다
아폴로 사진관 아저씨 촬영하러 오셨다
잔칫상 앞에 선 우리 가족과 친척들이 꽉 찼다
언니들은 분홍 저고리에 연두색 한복 입고
동생들은 체크 나팔바지에 줄무늬 스웨터 입고
수줍은 듯 뒤에 숨고 손을 가렸다
고깃국에 잔치 음식 실컷 먹고
사람들 북적대던 날
두부에 꽂은 호두
혼자 빼 먹다 설사를 하고 말았다

겨울 부엌

큰 솥에 소여물 끓여놓고
숭늉 퍼서 방에 들여놓고
그릇 씻어 찬장에 엎어놓고
무쇠솥 행주로 깨끗이 닦아놓고
항아리에 물 가득 채워놓고
화롯불 피워 올려놓고
아궁이 재 긁어 졸밭에 뿌려놓고
부지깽이 땔감 옆에 세워놓고
젖은 양말 부뚜막에 말려놓고
부엌문 꼭 닫아 놓으면
쥐들이 문틈으로 살그머니 들어간다

꽃동산

우리 동네 애향단
일요일 같이 모여
아침 체조도 하고
꽃동산 가꾼다

개나리꽃 울타리 만들고
맨드라미, 과꽃, 봉숭아
나라 사랑 무궁화도 심고
잡초도 뽑아준다

동네 입구 꽃동산
상사화가 부른다
애들아 모여라!
아이들을 소집한다

겉절이

콩밭 매다
솎아 온 어린 열무
우물물 펌프질하여
시원하게 씻어서
얼갈이 양념으로
겉절이 무친다
여리고 보드라운 겉절이
고추장과 보리밥
여름이 주는 점심을 먹는다

콩 타작

꼬투리가 툭툭 터진다
도리깨로 뚜드려 타작을 한다
사방팔방 튀어 나간 콩도 줍고
모은 콩은 키로 까불어
알진 콩을 담는다
까분 탑새기는 닭들이 쪼고
콩깍지는 여물 삶아 소를 주고
콩대는 땔감으로 불 때고
벌레 콩은 겨울 내내 골라서
두부 만들어 먹고
가을볕 단단하게 여문 콩
종자 씨앗 옹기 담아 광에 두고
땡글땡글 검은콩
자루 속에 주루룩 들어가 있다가
장날마다 한 자루씩 내다 판다
하나도 버리는 게 없다

고욤나무

봐주는 사람이 없이
스치듯 눈길 몇 번으로도
쬐그만 감이 다닥다닥 열렸다
떫어서 그냥 먹지는 못해도
서리 맞은 고염
단지에 넣고 푹 재운다
싸라기눈 내리는 겨울밤
할머니가 퍼주는 무른 고욤
한 숟가락씩 받아먹으면
뒤뜰에 서 있는 고욤나무
외양간 찬 바람을 막아준다

원추리

진달래꽃 지고
녹음은 짙어
산 그림자가 덮었다

응달진 산속
혼자 걷고 있는데
저쪽에서 부른다

그냥 지나가려니
그늘 걷어내고
나야 하고 얼굴 내민다

비료 포대 썰매

밤새 눈이 내렸다
등성이 비탈 하얀 언덕은
눈썰매장이 되었다
비료 포대에 지푸라기 폭신하게 다져 넣고
오르는 산은 발자국도 깊다
비료 포대 올라앉아
비탈 따라 주루룩 내려오면
휙휙 나무들이 지나고
겨울 산도 따라 내려온다
나뭇등걸에 엉덩이 폭폭 찔려도
속도를 멈출 수 없다
하얀 산등성이 와아와아
아이들이 벌 떼처럼 날아다닌다

탱자나무 울타리

탱자나무 울타리 너머
장독대 된장 푸는 영숙 엄마는
빨리 일어나라고 아이들을 재촉하고

병아리들은 먹을 것도 없는
울타리 사이 들랑달랑
흙을 헤집으며 콕콕 쫀다

하얗고 여린 꽃
진초록 탱자로 열리면
일없이 따서 아무 데나 던져 놓고

노랗게 익으면
집안 곳곳 탱자 바구니
솔솔 향기 번진다

노란 탱자나무 울타리
투구 쓴 병사처럼 겹겹이 지켜
개구멍도 뚫을 수 없게 한다

밖에 있는 화장실

한밤중
나 화장실 가고 싶어
언니한테 징징거리면
할 수 없이 언니가 앞장선다
마당을 지나 뒤뜰을 지나
화장실 간다
볼일을 보면서도
언니 거기 있지
몇 차례 말을 걸으면
아무 대답이 없다
무서운 마음에 서둘러 나오면
어둠 속에서 언니가 손을 내민다

논 썰매장

밤새 꽁꽁 얼었다
나무 썰매
꼬챙이 막대 두 개 들고
논 썰매장으로 내달린다
동생은 앉혀 줄로 매어 끌어주다
가랑이 사이에 앉혀 같이 탄다
꼬챙이로 팍팍 찍으며 속도를 낸다
얼음을 긁으며 재그잭재그잭
썰매가 미끄러져 나간다
썰매 없어 차례 기다리는 오빠는
얼음판을 발로 쾅쾅 쳐서 실금을 낸다
썰매가 신나게 달리면
얼유판도 길을 만든다
힘도 빠지고 햇빛도 달아올라
얼음이 슬슬 녹아 바스러지면
군데군데 물구멍이 뚫린다
신발도 젖고 바지 끝도 축축하여
양말을 벗어들고 집으로 가면
대문도 들어서기 전
엄마는 빨래가 한짐이라며 잔소리한다

징검다리

개울물 징검다리
바짓가랑이 걷어 올리고
펄쩍 뛰어 조심조심 건넌다

졸졸졸 흐르는 물소리
모래알도 줄줄줄 따라온다

논일 끝나고 돌아오는 길
손도 씻고 얼굴도 한번 훔치고

잡은 우렁이는 풀섶에 던지고
지나는 물고기 건드려본다

발로 물장구치다가
소금쟁이 떠서 만져 보고

뽀글뽀글 휘도는 작은 소용돌이
손 넣어 물 세기도 느껴본다

이끼 낀 징검다리 건너다
첨벙 빠져 돌아오는 길
젖은 바지가 흙길을 쓴다

호띠기

양지바른 개울가
버드나무 물이 올랐다
껍질 살짝 비틀어
허연 속대 쏙 빼서
호띠기 만든다

요령 없이 힘만 주면
뿌우우 입소리만 나고
피시식 바람 소리
얼굴만 빨갛게 성났다

호띠기 깊게 물고
삐리리 피리 소리 날 때까지
방에서 요란하게 불어대면
뱀 들어온다고 뭐라 한다

아직은 이른 봄
삑삑 호띠기 소리로
친구들도 모으고
봄꽃들도 불러낸다

콩나물

머리맡에 콩나물시루
자다가 팔 뻗으면 거치적거린다
할머니는 시도 때도 없이 물을 준다
새벽 일찍 일어나서
이불 끌어다 우릴 덮어주고
시루에 또 쉬쉬쉬 물을 준다
시루가 터질 듯 콩나물 커지면
우물가로 옮겨다 놓고
한 움큼씩 뽑아 콩나물국 끓이고
김치찌개에 두어 주먹 넣고
된장국에도 한 움큼 넣는다
할머니가 키우는 콩나물
겨우 내 질리도록 먹고
새벽마다 덮어준 이불로
남은 잠을 따뜻하게 잤다

시에 댓글을 달다

임부용 친구들이랑 도시락 까먹던 추억이 돋아요. 정감과 향수를 불러일으키는 구수한 언어 좋아요.

정슬기 단어 하나하나가 예스러워요. 요즘 써보지 않은 것들이에요.

박주연 과거로의 시간여행! 갑자기 나도 울컥 고마운 시로구나.

김지용 그리운 그때로 돌아가는 기분이다. 그때의 시절이 온몸을 적신다.

길인숙 향숙이랑 감꽃, 나의 어릴 적 추억까지 떠올라요.

김재순 우와, 도시락! 그때의 상황이 표현되어 옛 생각이 나면서 행복해지네요.

강미란 할머니와 조청, 참 좋다. 어렸을 때 추억이 이렇게 좋은 글감이 되다니!

이신희 눈 온 아침, 강낭콩 개떡도 나의 유년 추억을 고스란히 상기시켜주네.

염윤숙 모든 추억이 고구마 줄기처럼 줄줄 매달려 오네.

이채영 사랑방 샛문이라는 단어가 너무 아름다워요.

신인숙 한 폭의 그림이에요, 시가 매력 있어요.

김남옥 추억이 새록새록 돋고, 삐비 뽑아먹고 찔레 순 먹던 그때가 생각나네.

이은순 오랜만에 시를 읽다 보니 나도 모르게 미소를 짓게 돼요.

박숙경 옛날 어른들이 마실 다니던 시절의 얘기, 시구가 정겹고 가슴 한편이 아려오네요.

조은선 정말 강낭콩 개떡 생각나요. 시어머니가 해주셨거든요.

박복희 와! 나의 어린 시절의 추억과 어찌 이리 같나요. 시간은 흘러 마음은 그때인데 기억은 아득하네요.

우정희 옛날에는 눈도 참 많이 왔는데 아무도 밟지 않은 마당에 발자국으로 꽃 그리면서 뛰어놀던 모습! 아련하게 떠올라요. 지나간 것은 모두 아름답고 그리워요. 그 시절에는 힘들고 어려워서 빨리 시간이 흘러가길 바랐을 텐데 ㅎㅎㅎ